BEI GRIN MACHT SICH IHR WISSEN BEZAHLT

Die Sozial-Kognitive-Theorie. Phasen, Einflussfaktoren und Effekte

GRIN

Bibliografische Information der Deutschen Nationalbibliothek:

Die Deutsche Nationalbibliothek verzeichnet diese Publikation in der Deutschen Nationalbibliografie; detaillierte bibliografische Daten sind im Internet über http://dnb.d-nb.de abrufbar.

ISBN: 9783346727770
Dieses Buch ist auch als E-Book erhältlich.

Druck und Bindung: Books on Demand GmbH, Norderstedt Germany
Gedruckt auf säurefreiem Papier aus verantwortungsvollen Quellen

Das vorliegende Werk wurde sorgfältig erarbeitet. Dennoch übernehmen Autoren und Verlag für die Richtigkeit von Angaben, Hinweisen, Links und Ratschlägen sowie eventuelle Druckfehler keine Haftung.

Das Buch bei GRIN: https://www.grin.com/document/1273742

Einsendeaufgabe

Alternative A- Kognition und Lernen

abgegeben am 21.03.2022

SRH Fernhochschule

Modul: Kognition und Lernen

Studiengang: M.Sc. Psychologie

Inhaltsverzeichnis

Abkürzungsverzeichnis

SKT   Sozial- Kognitive- Theorie

SWE   Selbstwirksamkeitserwartung

Abbildungsverzeichnis

Aufgabe 1

1.1 Sozial-Kognitive-Theorie

Die Sozial-Kognitive-Theorie (SKT) wurde 1977 unter dem Titel „Social Learning Theory" von Bandura veröffentlicht und erschien 1979 auch im deutschen Sprachraum. Ausgehend von dieser Theorie versucht Bandura einen theoretischen Bezugsrahmen aufzuzeigen, anhand dessen sich das Verhalten und Denken von Menschen analysieren lässt (Bandura, 1979, S.9). Pervin, Cervone und John (2005, S.559-560) fassen die umfangreiche Theorie auf drei wesentliche Grundideen zusammen:

1) Die Persönlichkeit eines Menschen findet sich in seinen Überzeugungen bzw. Erwartungen und seinen Kompetenzen sowie in seinen Zielen und Bewertungsmaßstäben wieder.
2) Das soziale Verhalten eines Menschen ist das Ergebnis verschiedener Persönlichkeitsprozesse, wie z.B.:
   - Modelllernen (auch Beobachtungslernen), wodurch Menschen einen Großteil ihres Wissens und Fähigkeiten erwerben
   - Motivation und Selbstregulation des Verhaltens während ihrer Zielverfolgung
   - Impulskontrolle
3) Die Persönlichkeit des Menschen kann folglich als ein sozial-affektives Verarbeitungssystem betrachtet werden, in welchem die o.g. Strukturen und Prozesse eng miteinander verbunden sind. Die Entwicklung basiert auf dem wechselseitigen Austausch mit der sozialen Umwelt.

Bandura (1979) macht in seiner Theorie für menschliches Denken und Verhalten einseitige innere Kräfte oder Einflüsse aus der Umwelt verantwortlich und geht für die Erklärung psychologischer Funktionen von einer ständigen Wechselwirkung von Determinanten seitens der Person und seitens der Umwelt aus (Bandura, 1979, S.191-215). In späteren Werken ergänzt Bandura seine Theorie zu dem von ihm genannten `reziproken Determinismus` der Wechselwirkung zwischen Verhalten, Situation und Persönlichkeit. Die

Wechselwirkung mache ein bestimmtes Verhalten eines Menschen in bestimmten Situationen wahrscheinlicher, aber nicht berechenbarer (Bandura, 1997, S.7).

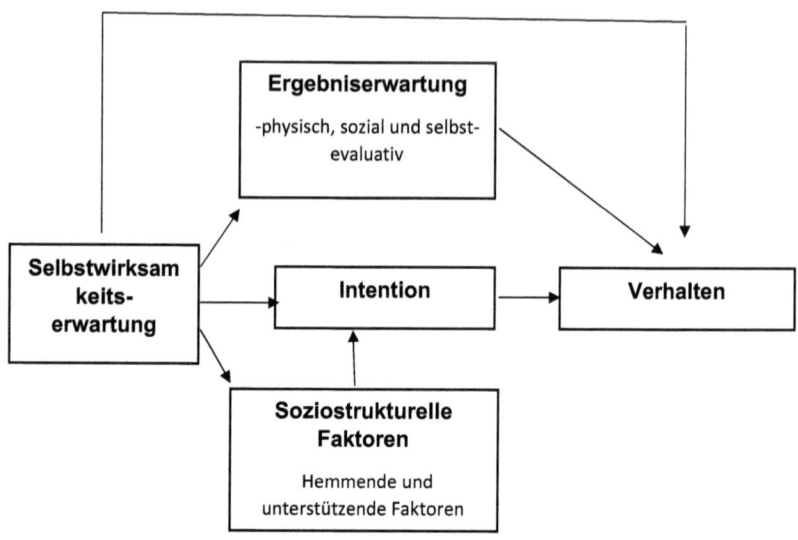

Abbildungen 1: Sozial-Kognitive-Theorie

(Quelle: Bandura, 1979)

Ursprünglich sind die Wurzeln der SKT im Behaviorismus verankert. Da Bandura (1997) jedoch feststellte, dass Menschen nicht nur anhand von Verhaltenskonsequenzen lernen, sondern auch durch Beobachtungen, entfernte er sich immer mehr von der behavioristischen Denkweise. Die SKT ermöglicht im Gegensatz zur klassischen und operanten Konditionierung, durch das Lernen am Modell völlig neues Wissen oder Verhalten. Die Lernvorgänge beruhen auf Beobachtungen des Verhaltens von menschlichen Vorbildern, wobei die Anwesenheit dieser Vorbilder eine untergeordnete Rolle spielt. Synonyme Bezeichnungen der SKT lauten daher auch Beobachtungslernen, Nachahmungslernen, Imitationslernen, soziales Lernen, Modelllernen oder Lernen am Modell. Der Lernprozess von Banduras Konzept wird in vier Teilprozessen beschrieben, die sich jeweils in zwei Phasen gliedert. Die erste

Phase wird Aneignungsphase genannt, die jeweils in Aufmerksamkeits- und Gedächtnisprozesse unterteilt wird. Die zweite Phase wird Ausführungsphase genannt, die sich in motorische Reproduktionsprozesse sowie Verstärkungs- und Motivationsprozesse klassifiziert. Die SKT hebt sich besonders durch zwei Komponenten von den Behavioristischen Lerntheorien ab, indem das Individuum als ein aktiv Lernender gesehen wird, dass sich bewusst mit seiner Umwelt auseinandersetzt, sodass ein wechselwirkender Lernprozess von Person und Umwelt entsteht. Mit der zweiten Komponente, der kognitive Komponente, plant ein Individuum nicht nur seine Handlungen, sondern ist auch fähig diese zu reflektieren und sich selbst zu motivieren.

Bandura (1997) formulierte für die SKT folgende vier Thesen:

(1) Das Gelernte wird nicht zwangsläufig unmittelbar gezeigt.
(2) Das Gelernte kann in späteren, vollkommen unterschiedlichen Kontexten, durch Modellierungseffekte wieder auftauchen.
(3) Der Lerninhalt muss nicht gesehen werden. Es reicht auch eine Beschreibung, um eine kognitive Repräsentation hervorzurufen.
(4) Das Gelernte kann auf andere Bereiche übertragen werden.

1.2 Phasen der Lerntheorie

In der sogenannten Aneignungsphase, auch Akquisition genannt, steht zunächst der Aufmerksamkeitsprozess im Vordergrund. Der Beobachter bzw. Lernende lenkt seine Aufmerksamkeit auf das Modell und beobachtet das Verhalten. Der Lernende schaut genau hin und nimmt das Modell wahr. Im zweiten Teil der Aneignungsphase schließt sich der Speicherungsprozess an. Um das beobachtete Verhalten zu erlernen, wird es manchmal über einen längeren Zeitraum beobachtet, um im Gedächtnis abgespeichert zu werden. Wenn die Prozesse abgeschlossen sind, schließt sich die sogenannte Ausführungsphase, auch Performanz genannt, an. Im Reproduktionsprozess wird das erworbene Verhalten nachgeahmt, indem der Lernende sich an das beobachtete Verhalten erinnert. Das erlernte Verhalten wird nachgeahmt, indem die Abläufe wiederholt werden. Es schließt sich ein Verstärkungs- und Motivationsprozess an. Stellt der Lernende einen Erfolg in dem gelernten Verhalten fest, wird er das Verhalten motiviert fortführen und verstärkt zeigen (Bandura, 1971, S.24).

1.3 Einflussfaktoren der SKT

Die SKT bedient sich folgender Einflussfaktoren, um Einfluss auf ein Verhalten zu nehmen. Zunächst sind die **Erwartungen** eines Beobachters entscheidend dafür, ob er das Verhalten tatsächlich nachahmt oder nicht. Die **Ergebniserwartung** kann zum einen positiv oder negativ ausfallen und hat nach Bandura eine physische-, eine soziale- und eine selbstevaluative Komponente. Ein Individuum wird daher ein Modellverhalten dann nachahmen, wenn sich positive Konsequenzen dadurch ergeben. Ebenso spielen **soziokulturelle Einflussfaktoren** eine entscheidende Rolle. Wenn ein Individuum beispielsweise soziale Unterstützung erhält, erhöht dies die Chance ein Verhalten zu zeigen. Eine besondere Determinante ist die **Selbstwirksamkeitserwartung (SWE)**. Es gilt je höher die SWE eines Individuums ist, desto eher wird dies davon überzeugt sein eine bestimmte Aufgabe bewältigen zu können. Je mehr Zweifel an der eigenen SWE bestehen, trotz vorhandener Fähigkeiten, wird eine erfolgreiche Bewältigung ausbleiben. Die SWE wird durch vier Quellen (siehe Abbildung 2) gefördert oder geschwächt (Lippke & Renneberg, 2006, S.42).

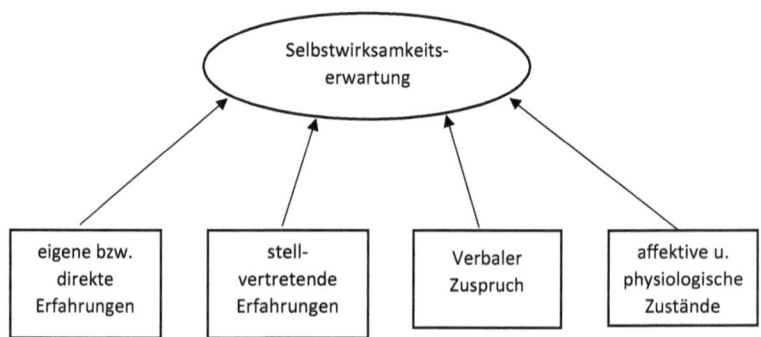

Abbildung 2: Selbstwirksamkeitserwartung und ihre vier Quellen

(Quelle: Eigene Darstellung)

Nach Bandura (2004) sind die *eigenen bzw. direkten Erfahrungen* die stärkte Quelle, um SWE auf- oder abzubauen. Wichtig ist hierbei, dass das Individuum den erfolgreichen Abschluss einer Handlung der eigenen Kompetenz zuschreibt und nicht etwa Zufall, Glück oder andere Umstände dafür verantwortlich macht. Gelingt es einem Individuum starke SWE aufzubauen, können diese auch nicht durch einzelne Misserfolge beeinflusst werden. Solange Misserfolg nur auf veränderbare Faktoren zurückgeführt werden., wird die SWE nicht gemindert. Schreibt man den Misserfolg jedoch der eigenen, mangelnden Kompetenz zu, wird die Motivation und damit die SWE gesenkt (Egger, 2015, S.46). Die SWE kann sich auch durch *stellvertretende Erfahrungen*, das heißt durch das Beobachten erfolgreichen Handelns wirksam verändern und wird nach Bandura (1997) daher auch „Lernen am Modell" bezeichnet. Je mehr sich ein Individuum mit einer anderen Person identifizieren kann, umso stärker beeinflusst der stellvertretende Erfolg oder Misserfolg die SWE (Lippke & Renneberg, 2006, S.44).

Der *verbale Zuspruch* kann als weiterer Beitrag zur Steigerung der SWE gesehen werden. Die stärkste Wirkung wird erzielt, wenn die verbale Unterstützung als sehr glaubwürdig wahrgenommen wird. Hingegen als unglaubwürdig eingeschätzte verbale Unterstützung sehr schnell als demotivierend wirkt und die SWE schwächen kann (Lippke & Renneberg, 2006, S.44). Die schwächste Quelle der SWE sind die *affektiven- und physiologischen Zustände*. Das heißt, die subjektive Interpretation eines Individuums von physiologischen Reaktionen, wie z.B. erhöhter Herzschlag und emotionale Erregung, wie z.B. Angst, können die Beurteilung der eigenen Bewältigungskompetenz mitbestimmen und unterschiedliche Auswirkungen haben. Das heißt, führt eine Person die Erregungsreaktion auf die eigene mangelnde Kompetenz zurück, steigt die Wahrscheinlichkeit, das sich die Person in Zukunft wenig zutraut (Schwarzer & Jerusalem, 2002, S.45).

1.4 Effekte des Modelllernens

Nach Bandura können sich vier, unterschiedliche Lerneffekte beim Modelllernen ergeben: (1) Der modellierende Effekt: Ein Individuum kann neue, bisher unbekannte Verhaltensweisen sowie Einstellungen gegenüber Personen, Objekte, Gefühle, Sachverhalte oder Bedürfnisse haben. Allerdings werden die Verhaltensweisen des Modells nicht einfach kopiert, sondern neu organisiert. Das Gelernte kann dann zu neuen Kombinationen zusammengefügt werden. (2) Der enthemmende Effekt: Wenn ein Individuum sieht, das ein bestimmtes Verhalten anderer keine negativen Folgen oder sogar Belohnungen nach sich zieht, so kann es die bisherige Hemmschwelle ein ähnliches Verhalten zu zeigen, entscheidend herabsetzen. (3) Der hemmende Effekt: Wenn ein Individuum sieht, das ein bestimmtes Verhalten anderer negative Konsequenzen nach sich zieht oder wenn Ängste ausgelöst werden, wird die Bereitschaft dem Vorbild nachzueifern sinken. (4) Der auslösende Effekt: Ein Modellverhalten kann andere Menschen unmittelbar veranlassen dieses nachzuahmen. Die Verhaltensweisen sind nicht neu und es ergeben sich auch keine besonderen Konsequenzen (Langfeldt, 1996, S108).

Aufgabe 2

2.1 Studien auf Grundlage der SKT

Die SKT ist häufig im Kontext sportlicher Aktivitäten untersucht und bei der Gestaltung von Maßnahmen zur Förderung sportlicher Aktivität angewandt worden. Die Untersuchungsergebnisse zahlreicher Studien belegen die Grundannahmen der SKT, wie hohe Selbstwirksamkeitserwartungen, positive Handlungs- und Ergebniserwartungen, wahrgenommene soziale Unterstützung und förderliche Umgebungsvariablen erhöhen die Wahrscheinlichkeit, sportlich aktiv zu sein (Lippke; Wiedemann, 2007, S.142). Trotz hoher Beliebtheit der SKT und zahlreichen, empirischen Studien auf Grundlage der SKT, existieren bis heute jedoch keine Metaanalysen (Lippke; Renneberg, 2008, S.42). In einer Untersuchung von Rovniak, Anderson, Winett & Stephens (2002) wurde die SKT strukturanalytisch betrachtet, wonach die Autoren 283 Studierende nach ihrer körperlichen Bewegung befragten. Der Untersuchungszeitraum betrug acht Wochen. Zum ersten Messzeitpunkt (Baseline) wurden folgende sozialkognitive Variablen erhoben:

(1) Selbstwirksamkeitserwartung mit 5 Items, wie z.b. „Ich kann körperlich aktiv sein, auch wenn ich Zeitprobleme habe."

(2) Ergebniserwartung mit 27 Items, wie z.B. „Wenn ich regelmäßig körperlich aktiv bin, dann bin ich fitter."

(3) Soziale Unterstützung mit 5 Items, wie z.B. „Freunde haben mir in den letzten drei Monaten geholfen, körperlich aktiv zu sein." und

(4) Ziele mit 10 Items, wie z.B. „Ich setze mir oft Ziele in Bezug auf meine körperliche Bewegung."

Nach dem 8-wöchigen Erhebungszeitraum erfolgte der zweite Messzeitpunkt (Follow-up). Hierzu wurden die Probanden gefragt, wie oft und wie lange sie in der letzten Woche körperlich aktiv waren (z.B. Fitnessstudiobesuche, Fußball, Fahrradfahren). Die Wissenschaftler analysierten die Daten mittels eines Strukturgleichungsmodells mit den latenten Faktoren: soziale Unterstützung,

Selbstwirksamkeitserwartung, Selbstregulation und Ergebniserwartungen sowie Verhalten.

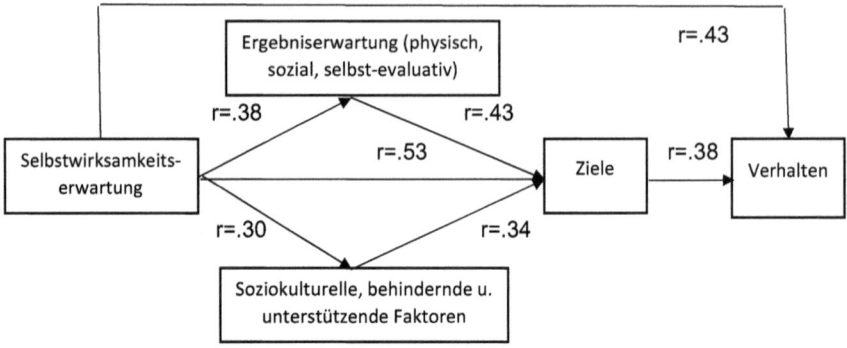

Abbildung 2: SKT Darstellung aus der Studie von Rovniak et al. (2002)

(Quelle: In Anlehnung von Rovniak et al. 2002)

Die Varianzaufklärung (s. Abbildung 2) konnte somit 33% erreichen, indem jeweils die Korrelationen von Zielen und Verhalten r=.38 sowie von Selbstwirksamkeitserwartung und Verhalten r=.43 quadriert wurden. Dieser Anteil der aufgeklärten Varianz spricht für das Modell, jedoch ist keine Verhaltensänderung vorhergesagt worden, sondern nur, wie die Variablen längsschnittlich zusammenhängen. Um abschätzen zu können, ob die sozialkognitiven Variablen der Theorie dazu beitragen, dass Menschen körperlich aktiver werden, müsste z.B. das Verhalten im ersten Messzeitpunkt kontrolliert werden. Außerdem wäre es interessant zu erfahren, ob diejenigen, die sich stärker vornehmen, körperlich aktiv zu sein (Motivation durch Freunde oder über Wissen verfügen, das Bewegung hilft, fit zu bleiben), sich auch tatsächlich sportlich mehr engagieren. Diese und andere Probleme bzw. offene Fragen weisen auf die Notwendigkeit hin, dass weitergehende und verbesserte Untersuchungen mit der SKT durchgeführt werden sollten (Rovniak et al., 2002, S.149-156).

In zwei weiteren Untersuchungen von Resnick, Magaziner, Orwig & Zimmerman (2002) sowie von Resnick, Orwig, Wehren, Zimmerman, Simpson & Magaziner (2005) wurde die SKT als Grundlage genutzt, um ebenso eine Bewegungsförderungsmaßnahme zu entwickeln, welche die Aufnahme zur sportlichen Aktivität nach Hüftfraktur untersucht. Die Autoren untersuchen 240 ältere Frauen nach Hüftfraktur aus fünf verschiedenen Akutversorgungseinrichtungen und evaluierten ihre Ergebnisse zwei, sechs und zwölf Monate nach der Hüftfraktur. Die Interventionsmaßnahme wurde von Trainern bei den Studienteilnehmern zuhause durchgeführt. Das Ziel der Studie war die Selbstwirksamkeitserwartung (SWE), die Handlungs-Ergebnis-Erwartung sowie Ressourcen (z.b. soziale Unterstützung) der Probanden zu stärken und somit Barrieren (z.b. Schmerzen oder Bewegungseinschränkungen) zu überwinden. Durch den positiven Effekt, dass sich damit beispielsweise Schmerzen verbessern ließen, soll die Intentionsbildung gefördert werden, das Übungsprogramm regelmäßig durchzuführen. Hierbei spielten, die von Bandura (2004) identifizierten Quellen der SWE, wie z.b. eigene oder stellvertretende Erfahrungen, verbaler Zuspruch oder affektive sowie physiologische Zustände, eine bedeutende Rolle bei der gezielten Anwendung der Techniken. Beispielsweise wurden die Probanden von ihren Trainern zu auftretenden körperlichen Reaktionen, wie Schmerzen, Müdigkeit oder Angstempfindungen befragt, die sie ihrer Meinung nach an der Ausübung sportlicher Aktivität hindern würden.

Durch den Schwerpunkt auf die Aufarbeitung der eigenen Erfahrungen und die verschärfte Aufmerksamkeit für den eigenen Körper sollten sich die Probanden ihrer Handlungskompetenzen und die positiven Effekte sportlicher Aktivität bewusst werden. Daraus sollten die Teilnehmer kurz- oder langfristige Absichten zur regelmäßigen Aktivitäten bilden, welche die Wahrscheinlichkeit zur langfristigen Verhaltensänderung positiv beeinflussen sollten. Die erste qualitative Analyse erfolgte auf der Basis von 70 Teilnehmerinterviews des Programms und wurde von den Entwicklern als vielversprechend bewertet (Resnick et al., 2005). Allerdings räumen die Autoren auch ein, dass es schwierig sei die Überlegenheit der SKT gegenüber anderen Theorien zu bewerten und welche einzelnen Komponenten der Theorie, die entscheidenden sind oder ob die Effektivität erst durch ihr Zusammenwirken gesteigert wird (auch in diversen Übersichtsarbeiten von Allen, 2004; Luszczynska & Schwarzer, 2005).

Auch in einer Studie von Bock, Marcus, Pinto & Forsyth (2001) konnte gezeigt werden, dass Interventionen, die auf Grundlage der SKT konzipiert wurden, Verhalten positiver beeinflussen und zu einer besseren Wirkung führen als nicht maßgeschneiderte Interventionen. Um die körperliche Aktivität zu steigern, würde eine typische Behandlung darauf abzielen die SWE zu verbessern und Vorteile für die Aktivität anzugehen und Hindernisse zu beseitigen oder zu minimieren. In der Studie von Bock et al. (2001) wurden Selbsthilfeleitfäden, die drei Mal an die Teilnehmer geschickt wurden zugeschickt und so konzipiert, dass Mängel aus vorherigen Untersuchungsergebnisse berücksichtigt wurden. Die Probanden zeigten nach der Behandlung sowie nach sechsmonatiger Nachbeobachtung eine erhöhte SWE. Die Personen, die bis zum Ende der Maßnahme das empfohlene Maß erreichten, erzielten sechs Monate später eher ihr körperliches Aktivitätsniveau.

2.2 Relevanz der SKT

Die SKT hat besonders in zentralen Studien von Bandura selbst gezeigt, wie groß der Einfluss von Modellen sein kann. Es können sich dadurch positive und negative Folgen ergeben. Sehr wichtig sind daher die Beiträge der SKT von Bandura für die Pädagogik, da erkannt wurde, dass das Vorleben von prosozialem Verhalten auch bei anderen Menschen hervorrufen kann. Wichtig ist dabei nicht das Gesagte, sondern die Handlungen. Außerdem hat sich eine positive emotionale Beziehung zwischen Modell und Lernenden für das Nachahmen als förderlich erwiesen. Eine positive Verstärkung des gezeigten Verhaltens führt demnach zu schnellerem Erfolg. Auch in der Verhaltenstherapie wird den Befunden Banduras Rechnung getragen und zeigte sich als sehr wirkungsvoll. Die SKT kann hier beim Aufbau neuer konstruktiver Verhaltensweisen hilfreich sein. Das gewünschte Verhalten wird aufgezeigt und im Anschluss dann nachgeahmt und geübt. Durch konstruktives Feedback und Vorschläge durch den Therapeuten kann das Zielverhalten dann noch verbessert werden, um in realen Situationen richtig angewendet zu werden. In manchen Studien konnte jedoch auch aufgezeigt werden, das Mediengewalt oder das

Ansehen von aggressiven oder negativen Vorbildern zu einer erhöhten Bereitschaft aggressiver Verhaltensweisen kam. Besonders das vermehrte Sehen von Gewalt in Filmen oder Videospielen wird hier stark kontrovers diskutiert (Myers, 2014, S.321-324).

Aufgabe 3

3.1 Praxisbeispiel

Im Folgenden wird anhand eines selbstgewählten Praxisbeispiels die SKT erläutert.

Beispiel:

Die kleine Schwester möchte von ihrem großen Bruder das Fahrradfahren lernen, weil sie auch gerne mit den anderen Kindern Fahrradfahren möchte.

Im oben genannten Beispiel übernimmt nun der große Bruder die Rolle des Modells. Das Fahrradfahren wäre das Modellverhalten und der Versuch Fahrrad zu fahren, nach den Erklärungen und Vorführungen, wie das kleine Mädchen Fahrradfahren lernen kann, ist dann die Nachahmung des Modellverhaltens.

3.2 Voraussetzungen

Damit die kleine Schwester Fahrradfahren lernen kann, müssen einige Bedingungen erfüllt sein, damit das Lernen überhaupt stattfinden kann. Zunächst muss der Lernende (die kleine Schwester) eine gefühlsmäßige bzw. anerkennende Beziehung zum Modell (dem großen Bruder) haben. Da der große Bruder mit seinem sozialen Status über der kleinen Schwester steht, begünstigt dies die Nachahmungsbereitschaft. Außerdem sollte das Zielverhalten (Fahrradfahren) vom Lernenden bzw. Beobachtenden (kleine Schwester) als erreichbar, nachvollziehbar sein und als realisierbar erscheinen. Besonders die wahrgenommene Konsequenz des Zielverhaltens wird entscheidend sein, ob der Lernende (die kleine Schwester) das Modellverhalten lernen wird und nachahmen wird. Da das kleine Mädchen durch vorherige Beobachtungen zum Thema Fahrradfahren festgestellt haben wird, dass es ihr positive Vorteile verschaffen kann, indem sie selbst an Mobilität gewinnt und mit anderen Kindern gemeinsam fahren kann, stellt dies eine sehr positive Konsequenz dar.

Zusätzlich wirkt sich die positive Verstärkung, wie zum Beispiel der Stolz des großen Bruders oder der Eltern und das Ansehen bei den anderen Kindern, als sehr motivationssteigernd bei der kleinen Schwester aus.

3.3 Phasen des Lernprozesses

In der Aneignungsphase, auch Akquisition genannt, laufen zwei Teilprozesse nacheinander ab. Zunächst erfolgt die Aufmerksamkeitsphase, wonach der Lernende bzw. der Beobachter (die kleine Schwester) sich die wichtigsten Bestandteile aus der Masse an Informationen herausfiltert. Ob dem Modell (dem großen Bruder) viel oder wenig Aufmerksamkeit entgegengebracht wird, hängt, wie bereits unter 3.2 erläutert von seinem sozialen Status ab. Die kleine Schwester wird dem Bruder aufmerksam zu hören, wenn dieser ihr alle Anteile des Fahrrads erklärt und die einzelnen Funktionen mit ihr bespricht. Dadurch, dass die kleine Schwester ihrem großen Bruder die volle Aufmerksamkeit schenkt, gehen die gelernten bzw. beobachteten Funktionen in ihr Gedächtnis über, wodurch sie im zweiten Teilprozess der Aneignungsphase übergeht. Dort formt die kleine Schwester das Gelernte in Gedächtnisstrukturen um und legt für sich neue Schemata an. Diesen Prozess nennt man auch Akkommodation. Im Anschluss werden diese Gedächtnisstrukturen noch erweitert, die sie als Erinnerungen wieder abrufen kann. Dieser Prozess wird auch Assimilation bezeichnet. Die neu-gewonnen Informationen werden symbolisch kodiert und in ihr kognitives System eingeordnet. Dieser Teilprozess knüpft dann nahtlos an die zweite Lernphase an, da dieser Teilprozess besonders erfolgreich sein wird, wenn das Gelernte auch motorisch nachgeahmt wird (Bandura, 1971, S.24).

In der anknüpfenden Ausführungsphase, auch Performanz genannt, werden zunächst die motorischen Reproduktionsprozesse angeregt. Durch die Erinnerung an das Gelernte, versucht das kleine Mädchen die Abfolge des Verhaltens zu reproduzieren. Je nach Geschick wird sie eingeschränkt oder weitgehend in der Lage sein das beobachtete Schema wiederzugeben. In diesem Fall wird es der kleinen Schwester zunächst gelingen auf das Fahrrad aufzusteigen und mithilfe von Stützrädern die aufrechte Sitzposition auf dem Sattel einzunehmen, die Hände an den Griffen zu fixieren und in die Pedale zu treten. Zudem wird sie die Aktivierung und Lösung der Handbremse oder des Rücktritts ausführen. All diese neuen motorischen Abläufe und Fähigkeiten wird sie durch häufiges Wiederholen und Üben immer mehr verinnerlichen. Möglicherweise kann sie auch noch durch Korrektur oder Tipps durch ihren großen Bruder das Fahrradfahren perfektionieren. Durch das Feedback gelingt es der kleinen Schwester ihre Ausführung einzuschätzen und kann das Gelernte besser verinnerlichen. An die motorische Lernphase schließen sich die Verstärkungs- und Motivationsprozesse an, da diese das Auftreten des Zielverhaltens stark beeinflussen. Die kleine Schwester wird das Fahrradfahren umso lieber ausführen wollen, wenn sie einen hohen Nutzen für die Ausführung sieht. Die eigene Motivation könnte sein, dass sie den Willen hat mit anderen Kindern gemeinsam Fahrrad zu fahren und das sie selbst mobiler ist. Außerdem konnte sie im Zuge der Aneignungsphase feststellen, welche weiteren Vorteile ihr das Fahrradfahren bringt. Sie hat ihren großen Bruder aufmerksam beobachtet und beispielsweise festgestellt, dass er Einkäufe im Dorf erledigen kann, zu seinem Fußballtraining mit dem Rad fährt oder einfach mit seinen Freunden eine große Radtour unternimmt. Das Fahrradfahren wird als positive Eigenschaft eingestuft und bewertet. Somit bietet Fahrradfahren viele Vorteile und wird das kleine Mädchen motivieren das Gelernte zu vertiefen (Bandura, 1971, S.24) .

3.4 Einflussfaktoren des Lernprozesses

Im Nachfolgenden soll nochmals auf die Einflussfaktoren der SKT zum Praxisbeispiel eingegangen werden, da sie sehr entscheidend dafür sind, ob ein Verhalten nachgeahmt wird oder nicht. In Bezug auf die Ergebniserwartung wird das kleine Mädchen das Fahrradfahren nachahmen wollen, wenn sie davon angenehme Konsequenzen zu erwarten hat. Die erwarteten Verhaltenskonsequenzen werden in dem Moment zum Anreiz für das Verhalten. In Bezug auf die Selbstwirksamkeitserwartung (SWE) muss die kleine Schwester nicht nur das Fahrradfahren lernen wollen, sondern muss es sich auch selbst zutrauen, um es tatsächlich zu erlernen und zu zeigen. Das kleine Mädchen nimmt also zu Beginn des Lernprozesses eine Selbsteinschätzung vor, ob sie sich kompetent genug fühlt das Fahrradfahren, wie ihr großer Bruder ausführen zu können. In Bezug auf die SWE werden sich starke Auswirkungen vornehmlich in der Ausführungsphase zeigen, ob der Lernprozess angestoßen wird oder nicht., denn je höher die SWE ausgeprägt ist, desto eher kommt es zu erfolgreichen Bewältigung des Zielverhaltens. Die SWE hat dabei großen Einfluss auf die Faktoren Motivation, Wahrnehmung und Leistung. Denn die eigene Einschätzung der kleinen Schwester ihrer eigenen SWE wird beim Aufkommen von Schwierigkeiten beim Fahrradfahren wesentlichen Einfluss darauf haben, ob sie schnell resigniert oder weitermacht. Die Ausdauer und die Frustrationstoleranz werden umso höher sein, wenn eine hohe SWE vorliegt (Lippke & Renneberg, 2006, S.42).Wie bereits in Kapitel 1.3 erläutert, hat Bandura (2004) der SWE vier Quellen zugeschrieben, die die SWE beeinflussen können. Die eigene Erfahrung, die das kleine Mädchen bereits in ihrem Leben gemacht hat, wird sie mehr oder weniger bestärken sich zu zutrauen das Fahrradfahren zu lernen. In stellvertretenden Erfahrungen bzw. beim Lernen am Modell hat das Mädchen gesehen, dass auch ihr großer Bruder und ggf. auch andere Kindern in ihrem Umfeld Fahrradfahren können, wonach sie sich das Fahrradfahren auch zutraut. Der verbale Zuspruch ihres großen Bruders oder das Lob ihrer Eltern sowie die Anerkennung durch andere Kinder könnten sie bestärken, dass sie nun auch dazugehören kann. Auf physiologischer Ebene könnten sich bei ihr z.B. Glücksgefühle einstellen, die sich positiv auswirken. Durch die euphorischen Gefühle wird das Fahrradfahren mit etwas positiven in ihrem Gehirn verknüpft. Außerdem kann die kleine Schwester ihre eigene SWE selbst in kleinen Teilschritten steigern, indem sie beispielsweise zunächst den Apparat Fahrrad verinnerlicht und die Funktionen alle kennt und bedienen lernt, zunächst mit Stützrädern fährt und nach gewisser Zeit selbst keine Stützräder mehr zum Halten der Balance benötigt. Jeder Teilschritt verleiht dem Mädchen ein gewisses Maß an Sicherheit und wird das Zutrauen in die eigenen Fähigkeiten (eigene Erfahrungen) Fahrradfahren zu können, steigern (Schwarzer & Jerusalem, 2002, S.45).

3.5 Effekte des Lernprozesses

Bei diesem Praxisbeispiel würden sich zwei Effekte einstellen. Zum einen der modellierende Effekt und der enthemmende Effekt. Der modellierende Effekt steht für den Neuerwerb des Zielverhaltens (Fahrradfahren), da das kleine Mädchen eine neue Verhaltensweise erwirbt. Der enthemmende Effekt erfolgt durch die anfängliche Hemmschwelle dem Fahrradfahren gegenüber, da das kleine Mädchen zu Beginn der Lernphase das Fahrradfahren als schwierig und kompliziert ansah. Im Zuge der Aneignungs- und Ausführungsphase haben die Hemmungen dem Zielverhalten gegenüber dann immer mehr abgenommen. Außerdem haben die positiven Erlebnisse mit dem Fahrradfahren die Hemmung immer mehr reduziert bzw. aufgelöst.

Literaturliste

Allen, N.A. (2004): Social cognitive theory in diabetes exercise research: An integrative literature review. Diabetes Educator, 30, 805-819.

Bandura, A. (1971): Social Learning Theory. General Learning Press, New York.

Bandura, A. (1979): Self-efficacy: Towards a unifying theory of behavioral change. Psychological Review, 84, 191-215.

Bandura, A. (1997): Self-efficacy: The exercise of control. Freeman: New York.

Bandura, A. (2004): Health promotion by social cognitive means. Health Education & Behavior, 31 (2), 143-164.

Bock, B.C.; Marcus, B.H.; Pinto, B.M.; Forsyth, L.H. (2001): Maintenance of physical activity following an individualized motivationally tailored Intervention, Annals of Behavioral Medicine, 23, 79-87.

Egger, J. W. (2015): Selbstwirksamkeitserwartung- Ein bedeutsames, kognitives Konstrukt für gesundheitliches Verhalten. Psychologische Medizin, 22. Jahrgang 2011, Nummer 2, S.43-58.

Langfeldt, H.P. (1996): Psychologie- Grundlagen und Perspektiven. 2. Auflage, Luchterhand Verlag: Neuwied.

Lippke, S.; Renneberg, B. (2006): Theorien und Modelle des Gesundheitsverhaltens. In: Renneberg, B. & Hammelstein, P. (Hrsg.), Gesundheitspsychologie. S.35-60, Springer-Verlag: Heidelberg.

Lippke, S.; Vögele, C. (2006): Sport und körperliche Aktivität. In: Renneberg, B. & hammelstein, P. (Hrsg.), Gesundheitspsychologie. S.195-216, Springer-Verlag: Heidelberg.

Lippke, S.; Wiedemann, A.U. (2007): Sozial-kognitive Theorien und Modelle zur Beschreibung und Veränderung von Sport und körperlicher Bewegung – ein Überblick. Zeitschrift für Sportpsychologie, 14 (4), 139-148, Hogrefe: Göttingen.

Luszczynska, A. & *Schwarzer, R.* (2005): Social cognitive theory. In M. Conner & P. Norman (Eds.), Predicting health behavior (pp. 127-169). Open University Press: Buckingham, England.

Myers, D.G. (2014): Psychologie. 3. Auflage. Springer Verlag: Berlin/ Heidelberg.

Pervin, L.A.; Cervone, D.; John, O.P. (2005): Persönlichkeitstheorien. (5. Auflage). Ernst Reinhardt Verlag: München.

Resnick, B.; Magaziner, J.; Orwig, D. & Zimmermann, S. (2002): Evaluating the components of the Exercise Plus Program: Rationale, theory and implementation. Health Education Research, 17, 648-658.

Resnick, B.; Orwig, D.; Wehren, L.; Zimmermann, S.; Simpson, M. & Magaziner, J. (2005): The Excercise Plus Program for older women post hip fracture: Participant perspectives. The Gerontologist, 45, 539-544.

Rovniak, L.S.; Anderson, E.S.; Winett, R.A. & Stephens, R.S. (2002): Social cognitive determinants of physical activity in young adults: a prospective structual equation analysis. Annals of Behavioral Medicine, 24 (2), 149-156.

Schwarzer, R.; Jerusalem, M. (2002): Das Konzept der Selbstwirksamkeit. In: Jerusalem, M. & Hopf,D. (Hrsg.). Selbstwirksamkeit und Motivationsprozesse in Bildungsinstitutionen. (44), S.28-53, Beltz-Verlag: Weinheim.